사회성을 키워주는
하루 한 장 초등 글쓰기

지은이 / 박재찬 (달리쌤)

아이들과 글로 이야기하는 걸 좋아하는 교사다. 글을 가지고 아이들과 꽁냥꽁냥 하는 걸 즐긴다. 어느덧 교사로서 아이들을 만나온 지 13년이 되었다.

"I am not strange. I am just not normal."이라는 명언을 남긴 에스파냐의 초현실주의 화가 살바도르 달리를 오마주하여 '달리쌤'이라는 닉네임을 스스로 정했다.

"어떻게 하면 글쓰기를 싫어하는 초등학생들이 글쓰기를 좋아하게 만들 수 있을까?"라는 질문에 대한 답을 찾아가는 과정에서 『상상력을 키워주는 하루 한장 초등 글쓰기』와 『창의력을 키워주는 하루 한장 초등 글쓰기』, 『호기심을 키워주는 하루 한장 초등 글쓰기』, 『자존감을 키워주는 하루 한장 초등 글쓰기』, 『사회성을 키워주는 하루 한장 초등 글쓰기』를 펴냈다.

친구들과의 관계맺기에 어려움을 느끼는 어린이들을 관찰하다 이 책 『사회성을 키워주는 하루 한장 초등 글쓰기』의 아이디어를 떠올렸다. 아이들을 둘러싼 다양한 관계들과 관련된 가치 있는 질문들로 책을 채우려 노력했다. 이 책을 통해 많은 학생이 친구 관계를 포함한 다양한 인간관계에서 안정감을 느끼며 사회성을 키워 가길 바라고 있다.

그린이 / 김영주

『최진기의 교실밖 인문학』, 『장선화의 교실밖 글쓰기』, 『상상력을 키워주는 하루 한장 초등 글쓰기』, 『창의력을 키워주는 하루 한장 초등 글쓰기』, 『호기심을 키워주는 하루 한장 초등 글쓰기』, 『자존감을 키워주는 하루 한장 초등 글쓰기』, 『사회성을 키워주는 하루 한장 초등 글쓰기』에 그림을 그렸다.

하루 한장
초등 글쓰기 밴드

달리플래닛
블로그

초판 1쇄 발행 2022년 1월 15일
3쇄 발행 2024년 3월 20일
지은이 박재찬
그린이 김영주
펴낸이 이형세
펴낸곳 테크빌교육㈜
디자인 어수미
테크빌교육 출판 서울시 강남구 언주로 551, 5층 | **전화** (02)3442-7783 (333)

ISBN 979-11-6346-143-2 73700
책값은 뒤표지에 있습니다.

테크빌교육 채널에서 교육 정보와 다양한 영상 자료, 이벤트를 만나세요!

- **블로그** blog.naver.com/njoyschoolbooks
- **페이스북** facebook.com/njoyschool79
- **티처빌** teacherville.co.kr
- **키즈티처빌** kids.teacherville.co.kr
- **쌤동네** ssam.teacherville.co.kr
- **티처몰** shop.teacherville.co.kr
- **클래스메이커** classmaker.teacherville.co.kr

이 책의 무단 전재와 무단 복제를 금합니다.
잘못 만들어진 책은 구입하신 서점에서 교환해드립니다.

어린이를 위한 관계맺기 해법!

사회성을 키워주는

하루 한장

초등 글쓰기

글쓰기 질문 **100**

박재찬 지음 | 김영주 그림

테크빌교육

머리말

친구 관계 때문에 고민해 본 적 있나요?

초등학생들의 고민거리 1위는 뭘까요? 공부가 아닙니다. 친구 관계 문제입니다. 예를 들어 친구는 장난이라고 생각하며 내 별명을 불렀는데 나는 그걸 알면서도 기분이 나빠졌던 경험이 있지 않나요? 또는 친하다고 생각했던 친구들이 나만 빼고 이야기를 주고받는 것 같아서 소외감을 느낀 적은요? 이런 일이 있으면 잠도 설칠 만큼 괴롭고 힘들지만 놀랍게도 누구나 이런 일을 겪는답니다. 하지만 잘하고 있는 거예요. 타인들과 어울린다는 건 이렇게 생각할 거리가 많은 일입니다. 사실 선생님도 초등학교 시절에 비슷한 문제로 괴로워하며 고민에 파묻혀 지냈답니다. 그러다 이런 고민은 모두 '사회성'이라는 특성과 관련되어 있다는 걸 알게 되었죠.

사회성은 다른 사람들과 상호작용하는 능력, 다른 사람들과 관계를 맺고 함께 살아가는 능력입니다.

인간은 사회적 동물이라는 이야기를 들어 봤나요? 혼자만 살 수 있는 인간은 없습니다. 다른 사람들과 상호작용하고 관계를 맺으며 살아갑니다. 주변을 살펴보세요. 다들 친구, 형, 누나, 동생, 이웃과 어울리며 살아가고 있죠? 그런데 다른 사람들과 어울려 살아가다 보면 여러 가지 문제를 만나게 됩니다. 문제가 없는 관계는 없을까요? 네,

없습니다. 왜 그럴까요? 내 마음과 네 마음이 같을 수 없기 때문입니다.
하지만 걱정할 필요는 없습니다. 여러분들은 사회성이라는 능력을 배워 가는 과정에 있으니까요. 선생님과 함께 좀 더 생각해 봅시다.

사회성이 높은 사람의 특징

▶ 다른 사람의 이야기에 공감하려 노력한다.

우리 반의 수연이는 친구들의 마음을 이해하려 노력합니다. 친구에게 기쁜 일이 있을 때면 함께 기뻐해 주고, 화나거나 슬픈 일이 있을 때는 친구를 위로해 주고 보살펴 줍니다. 수연이 주변에는 언제나 친구들이 많습니다. 많은 친구가 수연이와 같은 모둠이 되고 싶어 하고, 옆자리에 앉고 싶어 하죠. 수연이처럼 다른 친구들의 이야기에 귀를 기울이며 공감해 주는 친구를 두고 '사회성이 높다'라고 말합니다.

▶ 사람 사이에서 생기는 문제를 원만하게 해결한다.

생각이 서로 달라 부딪히는 건 자연스런 일입니다. 예를 들어 치킨 한 마리를 주문하려 해도 프라이드치킨을 먹자는 친구와 양념치킨을 선택하는 친구의 의견이 충돌하는 것처럼 말이죠. 이런 갈등이 생겼을 때 사회성이 높은 사람은 대화와 협상을 통해 원만히 문제를 해결하려고 노력합니다. "너는 프라이드치킨을 먹고 싶고, 나는 양념치킨을 먹고 싶으니 반반 치킨으로 주문하자!"처럼 말입니다. '원만하다'라는 말은 모난 부분이 없이 부드럽다는 뜻입니다. 높은 사회성을 가진 사람들은 사람들 사이에서 생기는 문제를 모나지 않게, 부드럽게 해결해 나갑니다.

그리고 사회성이 높은 사람은 다른 사람에 대한 호기심을 가지고 있습니다. 또 다른 사람이 어떤 생각을 하고 어떤 기분을 느끼고 있는지를 알아내는 눈치도 빠릅니다.

어떤가요? 나는 사회성이 높은 사람인 것 같나요? 사회성을 기를 필요가 있는 사람 같나요? 마음을 먹으면 사회성도 키울 수 있습니다. 선생님만 믿고 따라오세요.

하루 한 장 글쓰기로 사회성 키우기

사회성에 대해 이야기를 하면 한 반에 네다섯 명 정도는 꼭 이런 질문을 합니다.

"선생님, 사회성이라는 건 타고나는 게 아닌가요?"

별다른 어려움 없이 친구들에게 쉽게 다가가 이야기하는 학생도 있습니다. 하지만 짝에게 말 한마디 거는 것만으로도 심장이 쿵쾅거리는 학생도 많습니다. 타고나기를 사회성이 높게 태어난 친구들도 당연히 있을 겁니다. 하지만 타고나지 않았더라도 사회성을 높일 가능성은 얼마든지 있습니다.

선생님도 초등학교 시절에는 친구들과 다투는 일이 많았습니다. 어떻게 사과해야 할지를 몰라서 한 달 넘게 이야기도 안 하고 모르는 사람처럼 대한 적도 있었어요.

하지만 갈등이나 고민 상황이 벌어졌을 때 "이런 상황에서는 어떻게 말하고 행동하는 게 좋을까?", "지금 이 문제를 어떻게 해결하는 게 똑똑한 방법일까?"를 생각한 다음부터 선생님은 달라지기 시작했습니다. 그래서 지금은 어렸을 때보다 훨씬 더 높은 사회성을 갖고 살아가고 있습니다.

이 책은 다른 사람들과 관계를 맺을 때 한 번 더 생각해 보면 좋은 문제들을 엮은 책입니다. "어떻게 하면 초등학생들이 다른 사람들과 원만하고 즐겁게 잘 지내는 능력을 지니도록 도와줄 수 있을까?"라는 문제를 골똘히 고민하면서 이 책을 만들었습니다.

이 책에 담겨 있는 질문 100가지를 하루 한 개씩 살펴보며 나에게 벌어질 수 있는 일들을 '미리' 고민해 보세요. 어떻게 말하고 행동할 것인지 친구, 가족, 선생님에게 말하고 상대방의 생각도 잘 들어 보세요. 그렇게 내 생각이 정리되면 꾸밈없이 정직하게 글로 적어 보세요.

이런 과정을 거치면 여러분은 친구들과의 관계에서 갈등이 생길 때마다 현명하고 원만하게 문제를 해결해 나가는 사람이 될 수 있을 거예요. 기억나죠? 사회성은 노력으로 키울 수 있다는 사실! 자, 지금부터 사회성을 키워주는 질문들을 통해, 원만한 관계 맺기 방법을 함께 고민해 볼까요?

차례

머리말	4
사회성을 키우는 방법	8
초등학생들이 들려주는 글쓰기 비법	10
이 책의 사용법	12
나와의 약속	14
사회성을 키워주는 글쓰기 질문 100	17
글쓰기 인증서	123

사회성을 키우는 방법

첫째, 내 생각, 나의 마음을 표현하기

친구들 사이에서 생겨나는 문제 대부분은 다른 친구의 생각이나 마음을 알지 못해 일어나는 경우가 많습니다. 내가 지금 어떻게 생각하고 어떤 감정을 느끼고 있는지를 밖으로 표현하지 않으면 다른 사람들은 내 마음을 결코 알 수 없습니다. 하지만 많은 사람은 내가 말하지 않더라도 친구나 가족이 내 마음을 알아주기를 바랍니다.

표현해야 다른 사람이 알 수 있습니다. 아무리 가까운 사람이더라도 내 생각, 내 마음을 꼭 말로 표현하세요. 그래야만 상대방도 내 마음을 알고 귀를 기울이며 공감해 줄 수 있습니다.

'내가 말하지 않아도 언젠가는 알아주겠지?'라는 생각을 버리고 표현하면 미래에 생길 갈등을 미리 막을 수 있습니다.

둘째, 나와 다를 수 있다는 걸 이해하기

내 친구들이, 내 가족들이 나와 다를 수 있다는 걸 깨달아야 합니다. 내가 생각하는 그대로 생각하고, 내가 느끼는 그대로 느낄 수 있는 사람이 이 세상에 몇 명이나 있을까요? 없습니다! 아무리 가까운 사람이더라도 나와 다른 사람이기 때문입니다. 사람들은 같은 것을 보고, 같은 것을 듣더라도 서로 다른 생각을 하고 서로 다르게 행동합니다. 그 이유는 그 사람들이 다른 집에서, 다른 것을 먹고, 다른 경험을 하며 살아왔기 때문입니다.

'다른 사람은 당연히 나와 생각이 다르다.'라는 사실을 항상 기억하

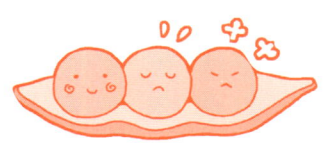

세요. 이 생각을 머릿속에 담아 두고 있으면 친구들과 갈등이 생겼을 때 훨씬 더 원만하게 문제를 해결해 낼 수 있을 겁니다.

'이 친구는 대체 왜 이렇게 생각하지?'가 아니라 '이 친구는 이렇게 생각하는구나.'라고 생각을 바꾸는 것만으로도 여러분의 사회성이 높아지는 데 도움이 됩니다.

셋째, 다른 사람들에게 관심 가지기

나를 둘러싼 친구, 가족, 어른들에게 관심을 가져 보세요. 기분이 어떤지, 표정이 어떤지를 자세히 살펴보세요. 좋아하는 것과 싫어하는 것은 무엇인지, 어떨 때 기분 좋아하는지도 알아보세요.

이렇게 다른 사람들에게 조금씩 관심을 가지다 보면 나도 모르는 사이에 그 사람들과 가까워지게 될 겁니다. 관계를 좋게 바꾸는 가장 쉬우면서도 강력한 방법은 관심과 관찰이니까요.

다른 사람들에게 관심을 가지는 게 강력한 방법인 이유는 사람들의 본성 때문입니다. 사람들의 마음속에는 관심을 받고 싶은 마음이 숨겨져 있다고 합니다. 겉으로 표현하진 않아도 다른 사람이 내 기분을 알아주길 바라고, 내가 입은 옷, 내가 하는 말, 나의 행동에 관심을 보여 주길 바랍니다.

그러니 상대방에게 내가 관심이 있다는 것을 보여 주세요. 그러다 보면 머지않아 사회성이 좋은 사람으로 인정받게 될 것입니다.

사회성 글쓰기를 잘할 수 있는 방법은 평소에 생각과 경험을 많이 하는 것이다. 글쓰기를 하다 보면 갑자기 내가 예전에 했던 생각이나 경험이 떠오를 때가 있다. 경험한 게 많으면 글을 쓰기 쉽다.

_ 전해솔

일단 내용을 읽은 뒤 마음속으로 생각한다. 그다음 쓴다. 다 쓴 다음에는 다시 읽어 보며 앞뒤가 맞지 않거나 어색한 문장을 고친다. 또 다시 읽어 보며 더 쓰면 좋을 내용이나 빼도 괜찮을 것 같은 부분이 없는지 생각해 본다. 그다음 한 번 더 고친다.

_ 강지우

글쓰기 주제 속 주인공이 나라고 생각하거나 내가 앞으로 겪게 될 일이라고 상상해 보자. 내 경우에는 오랫동안 생각할수록 상상이 잘 되었던 것 같다. ※ 주의: 그렇다고 안 쓰고 계속 상상만 해서는 안 된다.

_ 김윤서

생각이 안 나더라도 무작정 써 보자. 쓰다 보면 생각이 나는데 그때 부족한 부분을 고치면 된다. 이게 바로 나의 특급 비법!

_ 김윤주

나의 비법은 내가 주인공이 되었다고 상상해 보는 것이다. 예를 들어 수학 시험 100점 맞았을 때의 기분을 떠올려야 한다면 눈을 감고 머릿속으로 나의 모습과 100점짜리 수학 시험지를 함께 상상해 보는 것이다.

_ 윤태건

글쓰기를 잘 할 수 있는 비법은 읽어 보며 쓰는 것이다. 글을 쓰다가 막힐 땐 지금까지 쓴 글을 쭉 읽어 보다 보면 떠오르지 않았던 생각이 난다. 또는 글 속에서 힌트를 얻을 때도 있다. 다시 읽다 보면 부족한 부분을 지우거나 고칠 수도 있고 덧붙여야 할 것을 더 쓸 수도 있다. 이렇게 하면 더 쉽게 읽히는 글이 되는 것 같다.

_ 이서경

이 책의 사용법

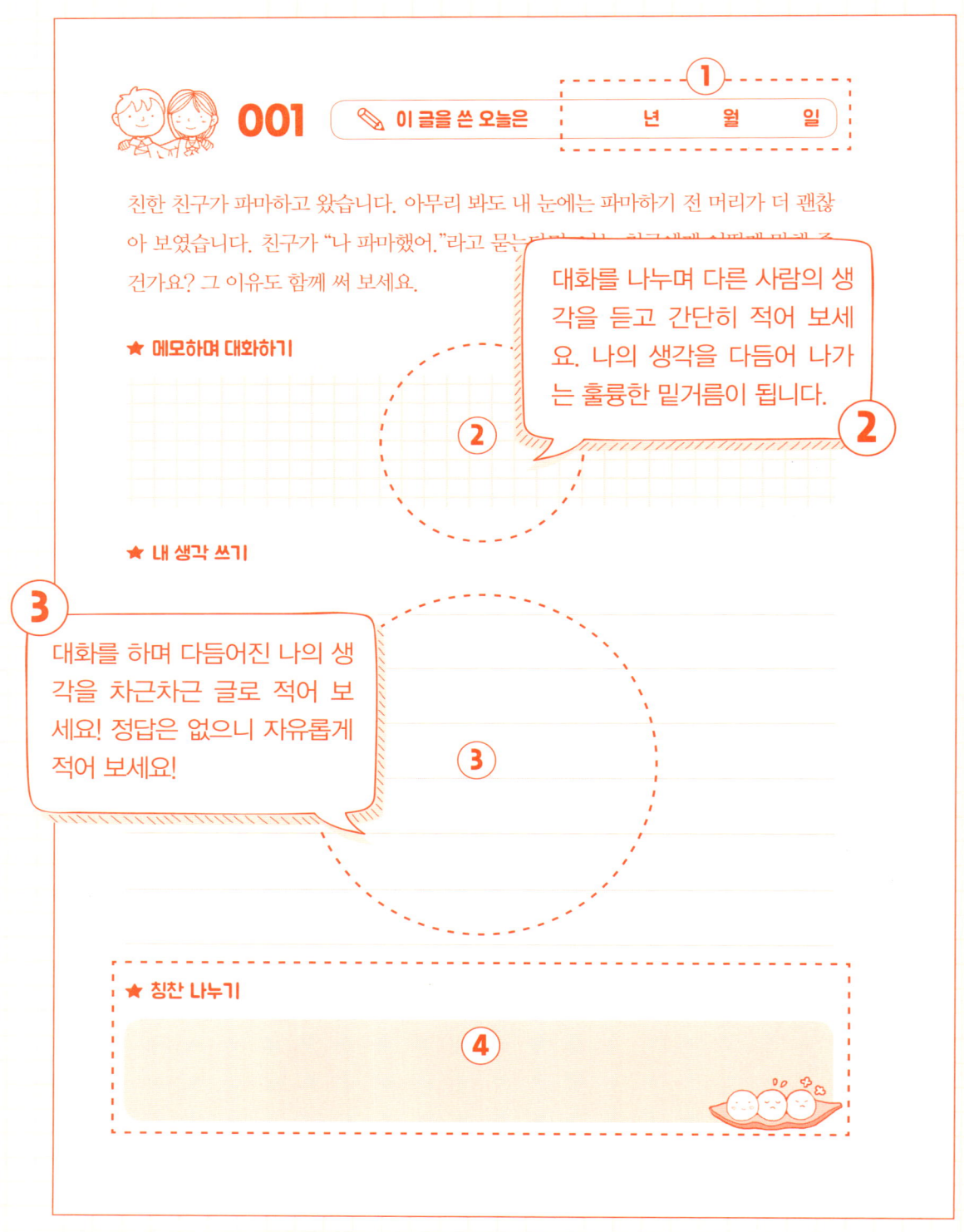

글을 쓴 날짜를 기록하세요!

002 ✏️ 이 글을 쓴 오늘은   ① 　 년　　　월　　　일

우리 반 친구 중 두 명을 고르세요. 두 친구를 기분 좋게 만들어 줄 칭찬을 떠올려 보세요. 두 친구를 칭찬하는 글을 쓰고, 친구들에게 내가 쓴 글을 읽어 주세요.

★ 메모하며 대화하기

②

★ 내 생각 쓰기

③

내가 쓴 글을 다른 사람과 공유할수록 글쓰기 실력은 좋아집니다. 내 글을 친구에게 보여 주고 멋진 생각, 문장, 단어를 칭찬받아 보세요!

★ 칭찬 나누기

④

예시1

나와의 약속

나 ___이 파 랑___ 은/는 ___3월 1일___ 부터 시작해 하루 한 장씩 글쓰기를 하겠다는 것을 약속합니다.

글쓰기는 나에게 이런 도움을 줍니다.

하나, 사회성을 키워 줍니다.
둘, 생각을 글로 정리할 수 있게 해 줍니다.
셋, 매일 꾸준히 하는 습관을 길러 줍니다.

나는 ___매일 아침___ 시간에 글쓰기를 하겠습니다.

매일 한 편씩 빼먹지 않고 글을 쓴다면 보상으로
___친구들과 30분씩 운동장에서 놀겠___ 습니다.

만약, 매일 한 편씩 글쓰기를 하지 않는다면
___점심시간, 쉬는 시간에 놀지 않고 글쓰기를 하겠___ 습니다.

약속은 스스로 지키는 것입니다.

서명 ___이 파 랑___

나와의 약속

나 _____ 은/는 _____ 부터 시작해 하루 한 장씩 글쓰기를 하겠다는 것을 약속합니다.

글쓰기는 나에게 이런 도움을 줍니다.

_____
_____
_____

나는 _____ 시간에 글쓰기를 하겠습니다.

매일 한 편씩 빼먹지 않고 글을 쓴다면 보상으로
_____ 습니다.

만약, 매일 한 편씩 글쓰기를 하지 않는다면
_____ 습니다.

약속은 스스로 지키는 것입니다.

서명_____

참고문헌

박재찬(2021), 『하루 한 장 초등교과서 글쓰기』, 경향비피

신혜순(2008), 『77가지 사회성 이야기』, 담터미디어

아이카와 아쓰시·이카리 에미코 저, 김효준 역(2018), 『내 편 만들기』, 루덴스미디어

이화자(2017), 『사회성이 모든 것이다』, 쌤앤파커스

인텔리전트 체인지 저, 정지현 역(2017), 『하루 5분 아침 일기』, 심야책방

앤 덴스모어·마거릿 바우만 저, 전행선 역(2012), 『3~7세 아이를 위한 사회성 발달 보고서』, 지식채널

허은경·김재리·최소영(2016), 『사회적 상황 추론 카드 1』, 예꿈교육

826 VALENCIA(2016), 『창의력을 키우는 초등 글쓰기 좋은 질문 642』, 넥서스 Friends

하루 한 장, 20분 동안 사회성 글쓰기를 해 보세요.

매일 한 가지 사회성 질문에 대해 생각해 보면서,
친구들과 좋은 관계를 만들어 가는 방법을 찾아보세요.

교실에서 일어나는 친구 사이의 문제, 집과 동네에서
마주하는 다양한 상황을 떠올려 보면서 더불어 살아
가는 방법에 대해 고민해 보세요.

한 편의 글을 꼭 완성하지 않아도 좋아요.

사회성 글쓰기는 행복한 시간이어야 하니까요.

자, 이제 글을 써 볼까요?^^

예시 1

 **○○○** ✎ 이 글을 쓴 오늘은   년   월   일

친한 친구가 파마하고 왔습니다. 아무리 봐도 내 눈에는 파마하기 전 머리가 더 괜찮아 보였습니다. 친구가 "나 파마했어."라고 묻는다면, 나는 친구에게 어떻게 말해 줄 건가요? 그 이유도 함께 써 보세요.

★ 메모하며 대화하기

정민 : 예전 머리가 더 예쁘다고 말할 것 같아. 가까운 친구니깐 더 어울리는 머리를 솔직하게 말해 주고 싶어.
지희 : 파마가 잘 되었다고 말해 줄 거야. 기분이 좋아질 테니까.

★ 내 생각 쓰기

아주 친한 친구가 아니면 잘 어울린다고 할 것이고, 오랫동안 나와 친했던 친구라면 지금도 괜찮지만, 전이 더 나았던 것 같다고 할 것이다. 사실 친하지 않은 친구에게 파마가 어울리지 않는다고 말하면 자신이 못생겨서라고 오해할 수 있다. 반대로 친한 친구에게는 조금 더 솔직하게 말해도 친구가 이해해 줄 것 같다.

★ 칭찬 나누기

친한 친구와 조금 덜 친한 친구로 나눠 대답한다는 아이디어가 좋았다. 그러고 보니, 친하다면 조금 더 솔직해져도 괜찮을 것 같다. _정지희

예시. 2

 ○○○   ✎ 이 글을 쓴 오늘은   년   월   일

친구가 나를 좋아하게 만드는 방법에는 어떤 것이 있을까요? 친구와 친해지기 위해 사용해 본 방법 세 가지를 적고 효과가 어땠는지 경험을 함께 적어 보세요.
예 친구가 좋아하는 놀이 함께하기, 친구 이야기 잘 들어 주기, 칭찬해 주기, 함께 맛있는 음식 먹기

★ 메모하며 대화하기

은별 : 친구의 이야기 들어 주기, 맛있는 음식 함께 먹기
대건 : 친구 도와주기, 친구 처지에서 생각해 주기

★ 내 생각 쓰기

친구들이 나를 좋아하게 만드는 건 어려운 일이라고 생각한다. 나를 싫어하지 않는 것만으로도 성공이 아닐까? 그래서 나는 세 가지 방법을 사용하려고 노력 중이다. 하나, 친구들에게 먼저 말 걸기. 실제로 학기 초에 이 방법을 썼더니 친구들과 가까워졌다. 둘, 장점을 친구들에게 보여 주기. 나는 그림 그리기를 좋아하고, 잘하는 편인데 이걸 보여 줬더니 친구들이 나에게 호기심을 느끼기 시작했다. 셋, 친구가 어려워하는 거 도와주기. 내가 먼저 도와주면 친구가 고마움을 느껴서 나를 좋아하게 되는 것 같다.

★ 칭찬 나누기

친구들에게 내가 가진 장점을 보여 준다는 생각이 멋져.
나도 앞으로 네가 알려 준 세 가지 방법을 사용해 볼게! _김대건

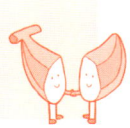

001 이 글을 쓴 오늘은 년 월 일

친한 친구가 파마하고 왔습니다. 아무리 봐도 내 눈에는 파마하기 전 머리가 더 괜찮아 보였습니다. 친구가 "나 파마했어."라고 묻는다면, 나는 친구에게 어떻게 말해 줄 건가요? 그 이유도 함께 써 보세요.

★ 메모하며 대화하기

★ 내 생각 쓰기

★ 칭찬 나누기

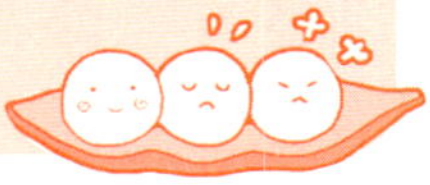

002 ✎ 이 글을 쓴 오늘은   년   월   일

우리 반 친구 중 두 명을 고르세요. 두 친구를 기분 좋게 만들어 줄 칭찬을 떠올려 보세요. 두 친구를 칭찬하는 글을 쓰고, 친구들에게 내가 쓴 글을 읽어 주세요.

★ 메모하며 대화하기

★ 내 생각 쓰기

★ 칭찬 나누기

 **003**  이 글을 쓴 오늘은   년   월   일

한 친구가 나를 볼 때마다 키가 작다고, 눈이 작다고 자꾸 놀립니다. "나보다 키도 작은 게."라고 말하며 무시할 때도 있고요. 처음에는 장난으로 생각하며 넘어갔지만, 점점 화가 납니다. 이 친구에게 내가 화가 났다는 걸 어떻게 표현하는 게 좋을까요?

★ 메모하며 대화하기

★ 내 생각 쓰기

★ 칭찬 나누기

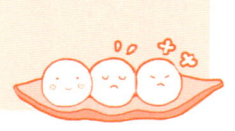

004

✎ 이 글을 쓴 오늘은   년   월   일

다른 사람과 이야기할 때는 이야기하는 사람의 얼굴 중 어디를 바라보는 게 좋을까요? 내가 친구들과 이야기할 때 바라보는 곳은 어디인가요? 친구의 얼굴을 그리고 내가 평소에 바라보는 곳을 표시해 보아도 좋습니다.

★ 메모하며 대화하기

★ 내 생각 쓰기

★ 칭찬 나누기

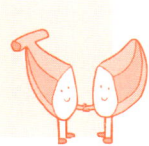

005

✎ 이 글을 쓴 오늘은   년   월   일

친구나 가족에게 문자를 보낼 때 내가 자주 사용하는 이모티콘이 있나요? 자주 사용하는 이모티콘을 세 가지 떠올리고 그것을 자주 사용하는 이유가 무엇인지 적어 보세요.

★ 메모하며 대화하기

★ 내 생각 쓰기

★ 칭찬 나누기

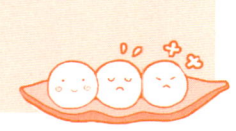

 **006** ✏ 이 글을 쓴 오늘은   년   월   일

우리 반 친구 두 명이 급식을 먹지 않고 몰래 바닥에 버리는 걸 보게 되었습니다. 나는 어떤 말이나 행동을 하는 게 좋을까요?

★ 메모하며 대화하기

★ 내 생각 쓰기

★ 칭찬 나누기

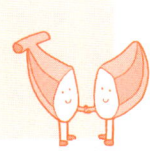

 **007**  년   월   일

학기 초에 자기소개를 할 때는 언제나 떨립니다. 매번 반복되는 일이라면 자기소개할 때마다 사용할 나만의 이야기가 정해져 있으면 편하겠죠? 처음 만나는 친구들에게 나를 어떻게 소개하면 좋을까요? 나를 소개하는 글을 써 보세요.

★ 메모하며 대화하기

★ 내 생각 쓰기

★ 칭찬 나누기

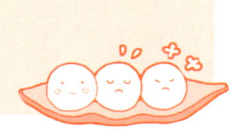

008

✎ 이 글을 쓴 오늘은   년   월   일

A라는 친구와 관련된 안 좋은 소문을 B라는 친구에게 문자로 이야기했습니다. 그런데 내가 보낸 문자를 B가 그대로 캡처해서 A에게 보내 버렸습니다. A에게서 연락이 왔습니다. "너 왜 친구들한테 내 욕하는 거야?" 나는 A에게 어떻게 말할 것인가요?

★ 메모하며 대화하기

★ 내 생각 쓰기

★ 칭찬 나누기

009 ✏ 이 글을 쓴 오늘은   년   월   일

모두가 "예. 좋아요!"라고 대답하는데 혼자서 "아니요. 싫어요!"라고 말하는 친구를 보면 어떤 생각이 드나요?

★ 메모하며 대화하기

★ 내 생각 쓰기

★ 칭찬 나누기

010 ✏️ 이 글을 쓴 오늘은   년   월   일

친구가 없는 곳에서 그 친구를 헐뜯는 말을 하는 걸 '뒷담화'라고 합니다. 내가 없는 곳에서 내 친구들이 나의 뒷담화를 했다면 기분이 어떨 것 같나요? 뒷담화는 해도 되는 걸까요? 아니면 절대 해서는 안 되는 일일까요?

★ 메모하며 대화하기

★ 내 생각 쓰기

★ 칭찬 나누기

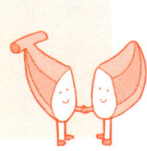

 **011** ✏️ 이 글을 쓴 오늘은   년   월   일

거짓말을 해 본 적 있나요? 아무리 작은 것이라도 사실이 아닌 것을 사실인 것처럼 말한 건 거짓말이 맞습니다. 나는 어떤 이유로 거짓말을 하게 되었나요? 경험을 떠올려 적어 보세요.

★ 메모하며 대화하기

★ 내 생각 쓰기

★ 칭찬 나누기

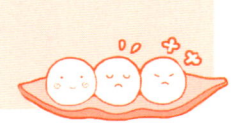

 **012** ✏️ 이 글을 쓴 오늘은   년   월   일

화난 것과 삐진 것은 어떤 점이 다를까요? 내가 화난 것은 화났다고 표현하지만 다른 사람이 화난 것은 삐졌다고 말하고 있진 않나요? 화난 것과 삐진 것의 차이점에 대해 써 보세요.

★ 메모하며 대화하기

★ 내 생각 쓰기

★ 칭찬 나누기

 **013** ✎ 이 글을 쓴 오늘은   년   월   일

채팅을 할 때도 예절을 지켜야 합니다. 친구와 채팅으로 대화를 하다가 기분이 상한 적이 있나요? 만약 있었다면 어떤 일 때문이었나요? 매너 없는 채팅 행동 세 가지와 그 이유를 적어 보세요.

★ 메모하며 대화하기

★ 내 생각 쓰기

★ 칭찬 나누기

014

✎ 이 글을 쓴 오늘은   년   월   일

친구와 이야기를 나누고 있는데 급하게 답장을 보내야 하는 부모님(또는 친구)의 문자를 받게 되었습니다. 대화를 나누던 친구에게 어떤 말과 행동을 하면 좋을지 적어 보세요.

★ 메모하며 대화하기

★ 내 생각 쓰기

★ 칭찬 나누기

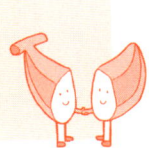

 **015** ✎ 이 글을 쓴 오늘은   년   월   일

잠을 자고 있던 새벽 2시, 채팅 수신 알림이 계속해서 울렸습니다. 다급한 메시지는 아니었고 "지금 뭐해?" 하는 내용이었어요. 나는 잠이 확 깨 버렸습니다. 다음 날 아침, 친구에게 어떤 내용의 답장을 보내는 게 좋을까요?

★ 메모하며 대화하기

★ 내 생각 쓰기

★ 칭찬 나누기

016

✎ 이 글을 쓴 오늘은   년   월   일

친구들과 문자를 주고받을 때 맞춤법에 어긋난 메시지를 보면 어떤 생각이 드나요? 잘못 쓴 글자가 있는 문자를 받았던 내 경험을 떠올려 써 보세요.

예 '친구가 바빠서 실수했나 보다.', '나에게 보내는 문자를 그렇게 중요하게 생각하지 않았나 보다.'

★ 메모하며 대화하기

★ 내 생각 쓰기

★ 칭찬 나누기

 **017** ✎ 이 글을 쓴 오늘은   년   월   일

온라인 공간에서 어떤 닉네임을 사용하고 있나요? 닉네임의 의미는 무엇인가요? 닉네임은 두 번째 이름과 같습니다. 닉네임을 새로 한번 만들어 보세요. 나를 잘 나타내 주는 괜찮은 닉네임으로 말이죠.

★ 메모하며 대화하기

★ 내 생각 쓰기

★ 칭찬 나누기

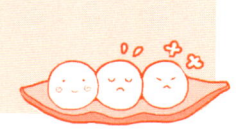

018

이 글을 쓴 오늘은　　　년　　　월　　　일

이번 일요일에 열리는 친구의 생일 파티에 나만 초대받지 못했습니다. 섭섭한 마음을 어떻게 하면 없앨 수 있을까요? 친구에게 왜 나는 초대하지 않은 건지 물어볼까요, 아니면 깜빡 잊어버릴 수도 있다고 생각하며 넘어갈까요? 어떤 방법이 있을까요?

★ 메모하며 대화하기

★ 내 생각 쓰기

★ 칭찬 나누기

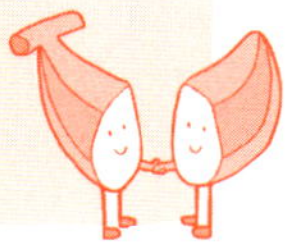

019

✎ 이 글을 쓴 오늘은   년   월   일

여럿이 함께 놀이하는데 한 친구가 일부러 규칙을 어기기 시작했습니다. 자기에게 유리하도록 마음대로 규칙을 바꿔 버리기도 하고요. 놀이할 때 자꾸 규칙을 어기는 친구가 있다면 어떻게 하는 게 좋을까요? 그 친구에게 어떤 말을 해 줄지 써 보세요.

★ 메모하며 대화하기

★ 내 생각 쓰기

★ 칭찬 나누기

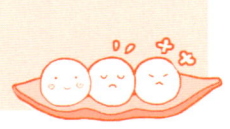

020

✏️ 이 글을 쓴 오늘은   년   월   일

내 곁에 있는 많은 친구들을 진짜 친구와 가짜 친구로 나눈다면 어떤 기준으로 구분할 건가요? 친구들을 진짜와 가짜로 나눠도 되는 걸까요?

★ 메모하며 대화하기

★ 내 생각 쓰기

★ 칭찬 나누기

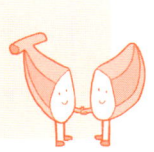

 **021** ✎ 이 글을 쓴 오늘은   년   월   일

친구들에게 사과해 본 적 있나요? 어렵지 않은 것 같지만 막상 하려고 하면 너무 어려운 게 사과입니다. 나는 먼저 사과하는 편인가요? 아니면 먼저 사과 받고 싶어 하는 편인가요? 사과와 관련된 경험을 적어 보세요.

★ 메모하며 대화하기

★ 내 생각 쓰기

★ 칭찬 나누기

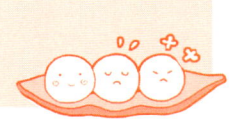

022 ✏️ 이 글을 쓴 오늘은   년   월   일

친구들의 마음을 이해해 주고 싶다면 "– 구나."라는 말을 문장 끝에 붙여 보세요. "그걸 하고 싶었구나.", "같이 하자는 말이구나."처럼 말이죠. 친구나 가족으로부터 자주 듣는 말 다섯 가지를 적고 이것을 "– 구나."로 끝나는 말로 바꿔 보세요.

★ 메모하며 대화하기

★ 내 생각 쓰기

★ 칭찬 나누기

 **023**  이 글을 쓴 오늘은　　년　　월　　일

'음…. 이건 혼자 하는 게 더 편한데.'라는 생각이 들 때가 있나요? 친구들과 같이하는 것보다 혼자 할 때 마음이 편한 일에는 어떤 것이 있나요? 이유도 함께 써 보세요.
예 독서, 공부, 영상 보기 등

★ 메모하며 대화하기

★ 내 생각 쓰기

★ 칭찬 나누기

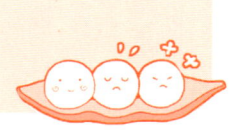

024

✎ 이 글을 쓴 오늘은   년   월   일

이제 막 초등학교 2학년이 된 동생이 나에게 물었습니다. "친구를 만들려면 어떻게 해야 할까?" 친구 만드는 법을 동생에게 설명해 주세요.

★ 메모하며 대화하기

★ 내 생각 쓰기

★ 칭찬 나누기

 **025** ✎ 이 글을 쓴 오늘은　　　년　　　월　　　일

친구의 외모나 성격에 따라 이름 대신 별명을 붙여 부르는 건 나쁜 일일까요? 이름 대신 별명을 부르는 것에 대해 어떻게 생각하는지 적어 보세요. 그렇게 생각하는 이유도 함께 써 보세요.

★ 메모하며 대화하기

★ 내 생각 쓰기

★ 칭찬 나누기

026 ✏️ 이 글을 쓴 오늘은   년   월   일

사과할 때 해서는 안 되는 말이 있습니다. "그러려고 했던 건 아니야.", "이렇게 될 줄은 몰랐지."는 사과하는 말이 아닙니다. 내 앞의 친구들이 "야, 뒤로 좀 가."라고 말하기에 뒤로 물러서다 그만 다른 친구의 발을 밟았습니다. 어떤 말로 사과하면 좋을까요?

★ 메모하며 대화하기

★ 내 생각 쓰기

★ 칭찬 나누기

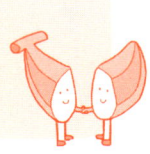

027

✎ 이 글을 쓴 오늘은   년   월   일

우리 모둠의 친구 한 명이 모둠에 피해되는 행동을 계속하고 있습니다. 함께 만든 작품도 몇 차례 망가뜨렸고요. 서로 기분 상하지 않으며 우리 모둠 전체에게 도움이 되려면 이 친구에게 어떤 말을 어떻게 하는 게 좋을까요?

★ 메모하며 대화하기

★ 내 생각 쓰기

★ 칭찬 나누기

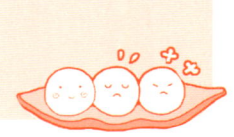

028

✏️ 이 글을 쓴 오늘은　　　년　　　월　　　일

유유상종이라는 말이 있습니다. 서로 비슷한 사람들끼리 어울리게 된다는 뜻이죠. 나와 친하게 지내는 친구 세 명의 얼굴을 떠올려 보세요. 그 친구들과 나는 어떤 점이 비슷한가요? 예 은결- 책 읽는 것을 좋아한다.

★ 메모하며 대화하기

★ 내 생각 쓰기

★ 칭찬 나누기

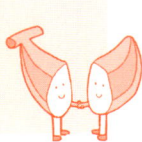

029 ✎ 이 글을 쓴 오늘은   년   월   일

단체 채팅방(단톡방)에서 하면 안 되는 행동에는 어떤 것이 있을까요? 나의 경험을 떠올리며 단체 채팅방에서 하면 안 되는 세 가지 행동과 그 이유에 대해 적어 보세요.

예 같은 내용을 반복해서 말하기, 용량이 큰 영상 파일 보내기 등

★ 메모하며 대화하기

★ 내 생각 쓰기

★ 칭찬 나누기

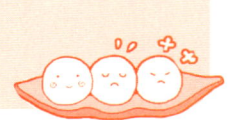

030

✏️ 이 글을 쓴 오늘은　　　년　　　월　　　일

친구가 말했습니다. "이건 진짜 비밀인데.", "이건 꼭 너만 알고 있어야 해." 친구가 말해 준 내용을 처음에는 나만 알고 있으려고 했는데 시간이 지나자 다른 친구들에게 말하고 싶어졌습니다. 어떻게 할 것인가요?

★ 메모하며 대화하기

★ 내 생각 쓰기

★ 칭찬 나누기

031

✏️ 이 글을 쓴 오늘은   년   월   일

친구들에게 말을 거는 걸 어려워하는 친구가 있습니다. 그 친구는 말을 할 기회가 생기면 쭈뼛거리며 눈치를 보곤 합니다. 친구에게 가볍게 말을 거는 다섯 가지 방법을 설명하는 글을 써 보세요.

★ 메모하며 대화하기

★ 내 생각 쓰기

★ 칭찬 나누기

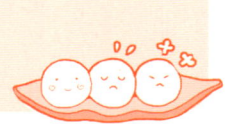

032 ✏️ 이 글을 쓴 오늘은   년   월   일

우리 반에서 쿠키 만들기 수업이 있을 예정입니다. 어떤 친구들과 모둠을 만들고 싶은가요? 세 명의 친구를 떠올려 보고 그 친구와 함께하고 싶은 이유를 써 보세요.

★ 메모하며 대화하기

★ 내 생각 쓰기

★ 칭찬 나누기

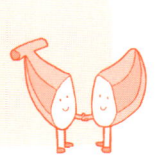

033

✏️ 이 글을 쓴 오늘은   년   월   일

사람은 모두가 다릅니다. 이것을 인정하고 받아들일 때 상대방과 더 가까워질 수 있습니다. 가장 가까운 친구나 가족을 한 사람 떠올려 보세요. 그 사람과 나는 어떤 점이 다른가요? 생김새, 성격, 좋아하는 것, 취미 등 여러 가지를 생각하고 적어 보세요.

★ 메모하며 대화하기

★ 내 생각 쓰기

★ 칭찬 나누기

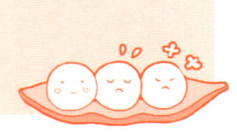

034

✏️ 이 글을 쓴 오늘은   년   월   일

체육 시간, 게임이나 팀 활동을 할 때 친구들에게 놀림을 당하거나 비난을 들은 적 있나요? 아니면 누군가 놀림이나 비난을 당하는 모습을 본 적 있나요? 그때 내 기분은 어땠나요? 그 친구의 기분은 어땠을까요? 이 문제는 어떻게 해결하면 좋을까요?

★ 메모하며 대화하기

★ 내 생각 쓰기

★ 칭찬 나누기

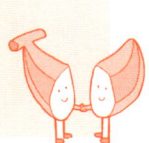

035

✏️ 이 글을 쓴 오늘은   년   월   일

부러운 친구 세 명을 떠올려 보세요. 그 친구는 어떤 능력을 가지고 있나요? 그림을 잘 그리는 능력? 운동을 잘하는 능력? 말을 잘하는 능력? 수학 문제를 잘 푸는 능력? 내가 그 능력을 갖추고 싶은 이유도 함께 적어 보세요.

★ 메모하며 대화하기

★ 내 생각 쓰기

★ 칭찬 나누기

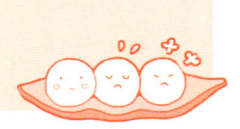

036 　　✎ 이 글을 쓴 오늘은　　년　　월　　일

4~6학년 초등학생의 30%가 이성 교제 경험이 있다고 합니다. 초등학생들도 이성 교제를 해도 될까요? 된다. vs. 안 된다. 정답은 없습니다! 두 가지 중 하나의 입장을 정하고 그렇게 생각하는 이유를 써 보세요.

★ 메모하며 대화하기

★ 내 생각 쓰기

★ 칭찬 나누기

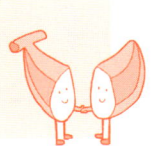

037

✏️ 이 글을 쓴 오늘은   년   월   일

다른 사람을 위해 내가 얻을 수 있거나, 가지고 있는 이익을 희생하는 것을 양보라고 합니다. 놀이터에서 동생들에게 먼저 놀 기회를 주거나 먹을 것을 나누는 것은 모두 양보하는 행동입니다. 내가 최근에 한 양보에 어떤 것이 있는지 써 보세요.

★ 메모하며 대화하기

★ 내 생각 쓰기

★ 칭찬 나누기

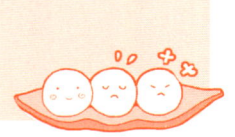

 **038**  년   월   일

선생님께서 말씀하셨습니다. "누구든지 왕따가 될 수 있어요." 정말 선생님 말씀처럼 누구든지 왕따가 될 수 있을까요? 왕따는 어떤 과정을 거쳐서 만들어지나요? 누군가를 따돌리는 행동을 할 때, 혹은 그것을 보고만 있을 때 어떤 기분이 드나요?

★ 메모하며 대화하기

★ 내 생각 쓰기

★ 칭찬 나누기

039

✎ 이 글을 쓴 오늘은   년   월   일

내가 보낸 문자를 친구가 읽고도 답장하지 않을 때 어떤 기분이 드나요? 경험을 떠올리며 그때 느꼈던 내 마음에 대해 써 보세요.

★ 메모하며 대화하기

★ 내 생각 쓰기

★ 칭찬 나누기

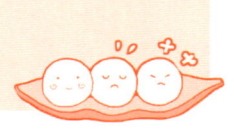

040

✏️ 이 글을 쓴 오늘은   년   월   일

부모님의 전화를 대신 받게 되었습니다! 지금 방금 전화를 받았다고 생각하고 어떻게 말할 것인지 꾸며 써 보세요. 공손하고, 친절하고, 예의 바르게!

★ 메모하며 대화하기

★ 내 생각 쓰기

★ 칭찬 나누기

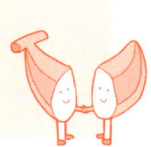

 **041** ✎ 이 글을 쓴 오늘은   년   월   일

거절하는 건 언제나 어려운 일입니다. 숙제를 보여 달라는 친구의 부탁을 거절하지 못해 벌써 세 번이나 보여 주고 말았습니다. 어떻게 말하면 밉지 않게 거절할 수 있을까요?

★ 메모하며 대화하기

★ 내 생각 쓰기

★ 칭찬 나누기

 **042**  이 글을 쓴 오늘은   년   월   일

딱 1분만 더하고 스마트폰을 그만 보려던 바로 그때, 부모님께서 말씀하셨습니다. "계속 스마트폰만 보고 있을 거야?" 나는 억울한 마음이 들었습니다. 이런 상황에서 나는 부모님께 나의 억울함을 어떻게 말씀드릴 건가요?

★ 메모하며 대화하기

★ 내 생각 쓰기

★ 칭찬 나누기

043   ✎ 이 글을 쓴 오늘은   년   월   일

다양한 감정 단어를 활용하면 마음을 섬세하게 나눌 수 있습니다. 다음의 감정 단어 중 세 개를 골라 새 옷을 입고 기분이 좋은 친구에게 공감하는 말을 해 보세요.

사랑스럽다 - 자랑스럽다 - 행복하다 - 활기차다 - 당당하다

★ 메모하며 대화하기

★ 내 생각 쓰기

★ 칭찬 나누기

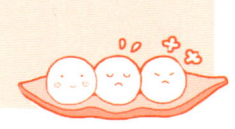

044

✎ 이 글을 쓴 오늘은   년   월   일

"그 친구는 이걸 꽤 잘하기는 하는데 겸손하지 못해." 겸손이란 다른 사람을 높게 대하고 자신을 낮춰 대하는 것을 말합니다. 그렇다면 겸손한 게 좋을까요? 겸손하지 않은 게 좋을까요? 나의 생각과 그 이유를 써 보세요.

★ 메모하며 대화하기

★ 내 생각 쓰기

★ 칭찬 나누기

045

✏️ 이 글을 쓴 오늘은   년   월   일

웃으면 복이 오고, 웃으면 행복해진다는 말이 있습니다. 그런데 억지로 웃는 건 몹시 어려운 일이지요. 어떻게 하면 계속 웃는 얼굴로 미소 지을 수 있을까요? 잘 웃는 방법에 대해 써 보세요.

★ 메모하며 대화하기

★ 내 생각 쓰기

★ 칭찬 나누기

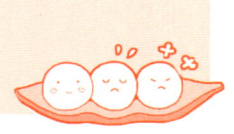

046 ✏ 이 글을 쓴 오늘은   년   월   일

양보는 꼭 해야 하는 걸까요? 어른들은 꼭 나한테만 양보하라고 말씀하시지 않나요? 나에게도 양보하기 싫은 이유가 있는데 말이죠. "네가 한번 양보하는 게 어때?"라는 말을 들었지만 양보하고 싶지 않았던 경험을 떠올려 적어 보세요.

★ 메모하며 대화하기

★ 내 생각 쓰기

★ 칭찬 나누기

047 ✎ 이 글을 쓴 오늘은   년   월   일

초등학생들은 어떤 일 때문에 스트레스를 받을까요? 나를 힘들게 하는 일 세 가지를 적고 스트레스를 건강하게 해소하는 나만의 방법 세 가지를 써 보세요.

★ 메모하며 대화하기

★ 내 생각 쓰기

★ 칭찬 나누기

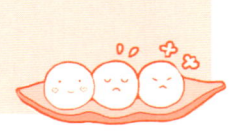

048

✎ 이 글을 쓴 오늘은   년   월   일

깜빡하고 미술 준비물을 챙겨 오지 못해서 친구에게 준비물을 함께 사용하자고 부탁하려 합니다. 친구가 불편한 마음을 느끼지 않게 부탁하는 말을 써 보세요. 친구를 설득할 수 있는 매력적인 부탁이라면 더 좋겠죠?

★ 메모하며 대화하기

★ 내 생각 쓰기

★ 칭찬 나누기

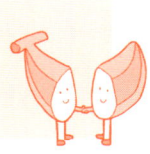

049 ✎ 이 글을 쓴 오늘은   년   월   일

이런 말이 있습니다. "다른 사람에게 대접을 받기 원한다면 그 대접을 우선 상대방에게 해 주어야 한다." 우리 반 선생님과 친구들이 나를 어떻게 대해 주면 좋을 것 같나요? 우선 나부터 선생님과 친구들을 어떻게 대할 것인지 적어 보세요.

★ 메모하며 대화하기

★ 내 생각 쓰기

★ 칭찬 나누기

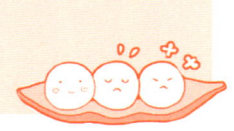

050 ✏ 이 글을 쓴 오늘은   년   월   일

함께 놀자는 나의 말에 친구가 "음…. 난 별론데."라고 대답했습니다. 이 친구가 함께 해야만 4명으로 짝을 맞춰 게임을 시작할 수 있어서 마음이 답답해졌습니다. 이제 와서 다른 친구를 찾긴 어려운 상황이고요. 이 문제를 어떻게 해결할 수 있을까요?

★ 메모하며 대화하기

★ 내 생각 쓰기

★ 칭찬 나누기

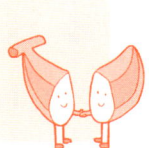

 **051** ✎ 이 글을 쓴 오늘은   년   월   일

모둠 친구들과 작은 공연을 준비하게 되었습니다. 우리 모둠은 총 4명인데 2명은 노래를 부르고 싶어 하고, 2명은 춤을 추고 싶다고 합니다. 나는 노래를 부르고 싶고요. 어떻게 하면 우리 모둠 친구들의 생각을 하나로 모을 수 있을까요?

★ 메모하며 대화하기

★ 내 생각 쓰기

★ 칭찬 나누기

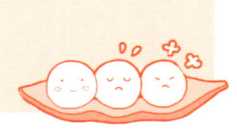

052

✏️ 이 글을 쓴 오늘은   년   월   일

다른 사람들에게 관심을 보이고 배려해 주는 걸 '친절'이라고 합니다. 나는 친절한 사람인가요? 내가 최근에 친절하게 행동했던 일을 떠올려 보세요. 그 일 중 두 가지를 소개해 주세요.

★ 메모하며 대화하기

★ 내 생각 쓰기

★ 칭찬 나누기

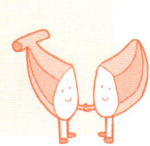

053

✎ 이 글을 쓴 오늘은   년   월   일

칭찬은 구체적으로 할수록 좋습니다. 친구에게도 마찬가지입니다. "지원아, 고마워."보다는 "조금 전에 내 물건 주워 줘서 고마워."처럼 구체적으로 말해 주는 게 좋죠. 친구가 그린 그림을 칭찬해 준다면 어떻게 구체적으로 말하면 좋을까요?

★ 메모하며 대화하기

★ 내 생각 쓰기

★ 칭찬 나누기

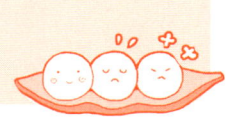

054

✏️ 이 글을 쓴 오늘은   년   월   일

두 사람 이상이 특정한 친구를 무시하거나 끼워 주지 않는 걸 따돌림이라고 합니다. '왕따'는 '왕 따돌림'에서 온 말이고요. 누군가가 나를 따돌린다면 어떻게 할 것인가요? 혼자 문제를 해결해 볼 것인가요? 아니면 선생님이나 부모님의 도움을 받고 싶나요?

★ 메모하며 대화하기

★ 내 생각 쓰기

★ 칭찬 나누기

 **055** ✏️ 이 글을 쓴 오늘은   년   월   일

최근에 내가 잘못한 일을 하나 떠올려 보세요. 나는 왜 그 잘못을 하게 되었나요? 어떻게 하면 같은 잘못을 다시 안 할 수 있을지 생각하고 적어 보세요.

★ 메모하며 대화하기

★ 내 생각 쓰기

★ 칭찬 나누기

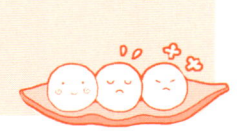

056

✎ 이 글을 쓴 오늘은   년   월   일

최근에 내가 해낸 아주 작은 성공 세 가지를 적어 보세요.

★ 메모하며 대화하기

★ 내 생각 쓰기

★ 칭찬 나누기

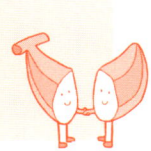

057

✎ 이 글을 쓴 오늘은   년   월   일

'기쁘다', '기분 좋다', '즐겁다', '상쾌하다', '할 수 있다' 같은 말을 긍정 언어라고 합니다. 긍정 언어를 자주 사용하는 것만으로 기분이 좋아진다고 하는데요. 긍정 언어를 잘 사용하는 '긍정이'의 하루를 상상해 써 보세요.

★ 메모하며 대화하기

★ 내 생각 쓰기

★ 칭찬 나누기

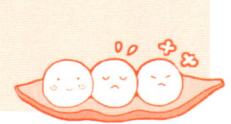

058

✎ 이 글을 쓴 오늘은   년   월   일

다른 사람들과 쉽게 잘 사귀는 사람을 '사교적인 사람'이라고 부릅니다. 나를 포함하여 내 주변에서 가장 사교적인 사람은 누구인가요? 그 사람이 사교적이라고 생각하는 이유 다섯 가지를 써 보세요.

★ 메모하며 대화하기

★ 내 생각 쓰기

★ 칭찬 나누기

059

✎ 이 글을 쓴 오늘은   년   월   일

엘리베이터에서 같은 아파트에 사는 웃어른을 만났을 때 먼저 인사하는 편인가요? 아니면 거울이나 스마트폰만 바라보나요? 엘리베이터를 탈 때 이웃들을 만났던 경험에 대해 써 보세요.

★ 메모하며 대화하기

★ 내 생각 쓰기

★ 칭찬 나누기

060

✏️ 이 글을 쓴 오늘은　　　년　　　월　　　일

식당에서 시끄러운 소리를 내거나 너무 큰 소리로 이야기하는 사람들을 보면 어떤 생각이 드나요? 혹시 나와 우리 가족이 시끄러운 소리를 낸 적은 없었나요? "초등학생이 지켜야 할 식사 예절"이라는 제목의 글을 써 보세요.

★ 메모하며 대화하기

★ 내 생각 쓰기

★ 칭찬 나누기

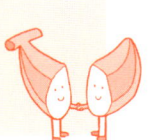

061 ✎ 이 글을 쓴 오늘은   년   월   일

아무리 힘들고 어려운 일을 만나더라도 긍정적으로 생각하면 해결 방법을 찾을 수 있다고 합니다. 만약 절반도 맞추지 못한 수학 단원평가 결과를 확인하게 되었다면 어떤 긍정적인 생각으로 해결 방법을 찾을 수 있을까요?

★ 메모하며 대화하기

★ 내 생각 쓰기

★ 칭찬 나누기

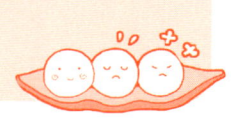

062

✏️ 이 글을 쓴 오늘은　　　년　　　월　　　일

다른 사람을 웃기는 말이나 행동을 잘하는 유머 있는 사람은 친구들과 쉽게 친해집니다. 내가 알고 있는 이야기 중에 다른 사람을 웃길 수 있는 이야기가 있다면 하나 써 보세요. 만약 없다면 친구에게 물어보거나 검색해서 찾아 적어도 좋습니다.

★ 메모하며 대화하기

★ 내 생각 쓰기

★ 칭찬 나누기

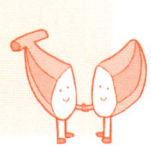

063   ✎ 이 글을 쓴 오늘은   년   월   일

친구를 사귀는 효과적인 방법은 친구에게 관심을 보이는 것입니다. 요즘 내가 관심을 가지고 있는 친구는 누구인가요? 그 친구에게 관심이 가는 이유는 무엇인가요? 내가 가진 관심을 친구에게 어떻게 보여 줄지에 대한 계획도 함께 써 보세요.

★ 메모하며 대화하기

★ 내 생각 쓰기

★ 칭찬 나누기

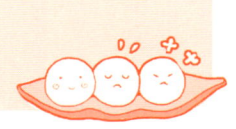

064

✏️ 이 글을 쓴 오늘은   년   월   일

'수줍다'라는 단어를 알고 있나요? 다른 사람 앞에서 말을 하거나 행동하는 걸 부끄러워하는 태도를 의미하는 말입니다. 나는 수줍음이 많은 편인가요, 없는 편인가요? 십 년 뒤에 지금과 달라지려면 나는 어떤 노력을 하면 될까요?

★ 메모하며 대화하기

★ 내 생각 쓰기

★ 칭찬 나누기

 **065** ✏️ 이 글을 쓴 오늘은   년   월   일

식사하는 데는 지켜야 하는 예절들이 많습니다. 어른이 먼저 수저를 든 다음 아랫사람이 수저 들기, 숟가락과 젓가락을 한 손에 들지 않기 등등이 있지요. 내가 잘 지키고 있는 식사 예절 세 가지와 지키기 어려운 세 가지, 그리고 그 이유를 적어 보세요.

★ 메모하며 대화하기

★ 내 생각 쓰기

 칭찬 나누기

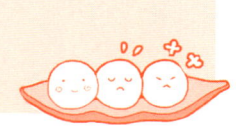

066   ✎ 이 글을 쓴 오늘은   년   월   일

월요일 아침 친구들이 모두 하얀 상자를 들고 학교에 왔습니다. 나만 빼고요. 친구들이 하얀 상자를 들고 등교한 이유를 상상하여 써 보세요.

★ 메모하며 대화하기

★ 내 생각 쓰기

★ 칭찬 나누기

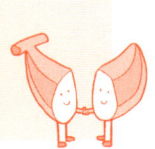

 **067** ✎ 이 글을 쓴 오늘은   년   월   일

사람마다 특별히 좋아하는 말이 다릅니다. 내 기분을 좋게 만들어 주는 말 세 가지와 그 이유를 적어 보세요. 친구들이 어떤 말을 적었는지 확인하고 친구에게 직접 말해 주세요.

★ 메모하며 대화하기

★ 내 생각 쓰기

★ 칭찬 나누기

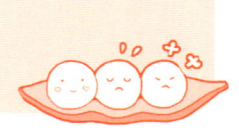

068 ✎ 이 글을 쓴 오늘은   년   월   일

흔한 일에도 쉽게 짜증을 내는 '짜증이'는 오늘 아침엔 맛있는 반찬이 없어 짜증이 났습니다. 온종일 짜증을 내는 '짜증이'의 일기를 상상하여 써 보세요.

★ 메모하며 대화하기

★ 내 생각 쓰기

★ 칭찬 나누기

069

✏️ 이 글을 쓴 오늘은   년   월   일

선생님께서 책 한 권을 보여 주셨습니다. 책의 제목은 "친구들과 더 빨리 친해지는 방법"이었습니다. 책 속에 어떤 내용이 담겨 있을지 상상해 써 보세요.

★ 메모하며 대화하기

★ 내 생각 쓰기

★ 칭찬 나누기

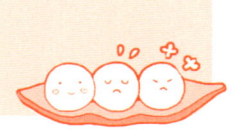

 **070** ✏️ 이 글을 쓴 오늘은   년   월   일

우리 반 친구들이 반반으로 나누어졌습니다. 한쪽은 민트 초코를 좋아하는 민초단! 다른 한쪽은 민트 초코를 싫어하는 반민초단! 민초단과 반민초단이 다투는 상황을 상상하여 써 보세요.

★ 메모하며 대화하기

★ 내 생각 쓰기

★ 칭찬 나누기

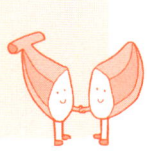

 **071** ✎ 이 글을 쓴 오늘은   년   월   일

부모님이 생각하는 좋은 친구와 내가 생각하는 좋은 친구의 특징이 비슷한가요, 다른가요? 부모님이 생각하는 좋은 친구의 조건 세 가지와 내가 생각하는 좋은 친구의 조건 세 가지를 써 보세요.

★ 메모하며 대화하기

★ 내 생각 쓰기

★ 칭찬 나누기

072

✎ 이 글을 쓴 오늘은   년   월   일

세상에서 가장 잘난 척을 잘하는 사람은 어떻게 말하고, 어떻게 행동할까요? 내가 '잘난 척 세계 1인자'가 되었다고 상상하며 아침부터 저녁까지 잘난 척했던 하루의 일기를 꾸며 써 보세요.

★ 메모하며 대화하기

★ 내 생각 쓰기

★ 칭찬 나누기

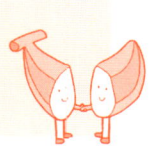

073

✏️ 이 글을 쓴 오늘은   년   월   일

가위바위보를 해서 이긴 사람이 진 사람을 뿅망치로 때리는 뿅망치 게임을 할 기회가 생긴다면 우리 반의 어떤 친구와 대결하고 싶나요? 세 사람을 뽑고, 그 사람과 대결하고 싶은 이유를 써 보세요.

★ 메모하며 대화하기

★ 내 생각 쓰기

★ 칭찬 나누기

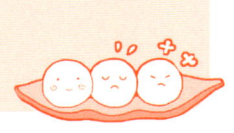

 **074** ✎ 이 글을 쓴 오늘은   년   월   일

우리 모둠 친구들은 어떤 친구를 리더(Leader)라고 생각할까요? 모둠의 리더로 모둠 친구들을 잘 이끌려면 친구들을 어떻게 대하고, 어떻게 행동하는 게 좋을지 적어 보세요.

★ 메모하며 대화하기

★ 내 생각 쓰기

★ 칭찬 나누기

 **075** ✎ 이 글을 쓴 오늘은   년   월   일

오늘의 글쓰기 과제는 '가짜 반성문 쓰기'입니다. 두 가지 미션이 있어요! 하나, 내가 하지 않은 잘못을 상상해 보세요. 둘, 이 잘못을 반성하는 가짜 반성문을 써 보세요.

★ 메모하며 대화하기

★ 내 생각 쓰기

★ 칭찬 나누기

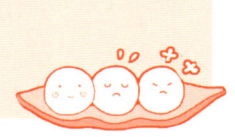

076

✏️ 이 글을 쓴 오늘은   년   월   일

이번 주말에 큰 대회에 나가는 친구가 있습니다. 이 친구에게 어떤 말을 해 주면 친구가 용기를 얻을 수 있을까요? 친구를 응원하는 편지를 써 보세요. 수학 경시 대회, 피아노 콩쿠르, 미술 대회 등 어떤 대회에 나가는지는 상상하여 꾸며 써 보세요.

★ 메모하며 대화하기

★ 내 생각 쓰기

★ 칭찬 나누기

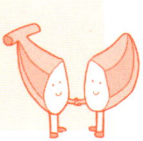

 **077** ✎ 이 글을 쓴 오늘은   년   월   일

"나와 잘 어울리는 친구를 찾는 10가지 방법"이라는 제목에 맞춰 노랫말이나 랩 가사를 써 보세요.

★ 메모하며 대화하기

★ 내 생각 쓰기

★ 칭찬 나누기

078

✎ 이 글을 쓴 오늘은   년   월   일

3층 교실에 가려고 계단에 발을 딛은 순간, 발밑에 물컹한 게 느껴졌습니다! 글쎄 계단이 초콜릿케이크로 가득 채워져 있지 뭐예요! 친구와 계단을 오르며 수많은 초콜릿케이크를 깔끔히 처리한 이야기를 꾸며 써 보세요.

★ 메모하며 대화하기

★ 내 생각 쓰기

★ 칭찬 나누기

079

✎ 이 글을 쓴 오늘은   년   월   일

모든 친구와 사이좋게 지내는 게 가장 좋겠지만 그럴 수 없는 경우가 많습니다. 내가 어울리고 싶은 친구들과 조금 더 가까워지는 건 어쩌면 당연한 일이니까요. 나는 어떤 친구들과 어울리고 싶나요? 내가 어울리고 싶은 친구들이 가진 특징을 써 보세요.

★ 메모하며 대화하기

★ 내 생각 쓰기

★ 칭찬 나누기

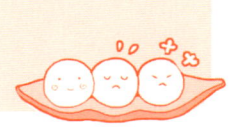

080

✎ 이 글을 쓴 오늘은　　　년　　　월　　　일

슬라임으로 만들어진 비누가 우리 학교 화장실 세면대에 생겼습니다. 서로 먼저 손을 씻겠다고 아웅다웅하는 친구들 사이에서 가장 먼저 손을 씻을 방법을 상상해 써 보세요.

★ 메모하며 대화하기

★ 내 생각 쓰기

★ 칭찬 나누기

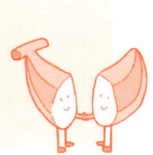

081

✏️ 이 글을 쓴 오늘은   년   월   일

우리 반에 새로운 친구가 전학을 왔습니다. 전학 온 친구에게 자연스럽게 말을 거는 세 가지 방법을 써 보세요.

★ 메모하며 대화하기

★ 내 생각 쓰기

★ 칭찬 나누기

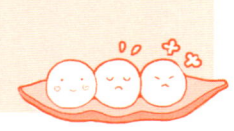

082 ✎ 이 글을 쓴 오늘은   년   월   일

친구에게 말을 하는 중인데 친구는 스마트폰에서 눈을 떼지 못하고 있습니다. 내가 물었습니다. "지금 내 이야기 듣고 있어?" 친구가 스마트폰을 보며 대답했습니다. "당연하지. 잘 듣고 있는데?" 내 이야기에 집중하지 않는 상대방에게 나는 어떻게 행동하나요?

★ 메모하며 대화하기

★ 내 생각 쓰기

★ 칭찬 나누기

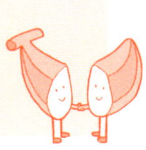

083

✏️ 이 글을 쓴 오늘은   년   월   일

복도를 달리던 친구와 부딪쳤습니다. 그런데 친구는 사과도 하지 않고 다시 달려가 버렸습니다. 그 친구를 다시 만났을 때 어떤 말을 해 주면 좋을까요?

★ 메모하며 대화하기

★ 내 생각 쓰기

★ 칭찬 나누기

084

✎ 이 글을 쓴 오늘은   년   월   일

친구가 나를 좋아하게 만드는 방법에는 어떤 것이 있을까요? 친구와 친해지기 위해 사용해 본 방법 세 가지를 적고 효과가 어땠는지 경험을 함께 적어 보세요.

예 친구가 좋아하는 놀이 함께하기, 친구 이야기 잘 들어 주기, 칭찬해 주기, 함께 맛있는 음식 먹기

★ 메모하며 대화하기

★ 내 생각 쓰기

★ 칭찬 나누기

 **085** ✏️ 이 글을 쓴 오늘은   년   월   일

우리 반 선생님께서는 나를 어떤 학생이라고 생각하실 것 같나요? 선생님께서 알지 못하는 나의 모습은 없을까요? 선생님께서 생각하시는 나의 모습을 추측하여 써 보세요. 마지막에는 "하지만"으로 시작하는 한마디를 덧붙여 적어 보세요.

★ 메모하며 대화하기

★ 내 생각 쓰기

★ 칭찬 나누기

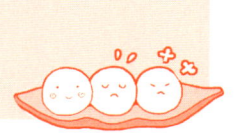

086

✎ 이 글을 쓴 오늘은   년   월   일

"친구 사이의 갈등은 오히려 친구와 가까워질 기회다."라는 말이 있습니다. 마음이 아프고 생각이 충돌하는 갈등이 친해질 기회가 되는 이유는 무엇일까요? 이 말이 만들어진 이유를 생각해 써 보세요.

★ 메모하며 대화하기

★ 내 생각 쓰기

★ 칭찬 나누기

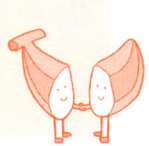

087

✏️ 이 글을 쓴 오늘은　　　년　　　월　　　일

친구는 장난이라고 생각하며 한 행동에 정작 나는 기분이 나빴던 적이 있나요? 반대로, 나는 장난을 쳤을 뿐인데 친구의 기분을 상하게 했던 경험은요? 두 가지 경우와 관련된 경험을 적어 보세요.

★ 메모하며 대화하기

★ 내 생각 쓰기

★ 칭찬 나누기

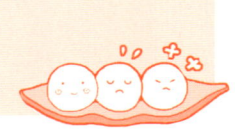

088 ✎ 이 글을 쓴 오늘은   년   월   일

다른 사람들에게 호기심을 가지는 것은 높은 사회적 지능을 가진 사람들의 특징입니다. 우리 반 선생님이나 친구, 가족에게 궁금한 질문 10가지를 생각해 써 보세요.

★ 메모하며 대화하기

★ 내 생각 쓰기

★ 칭찬 나누기

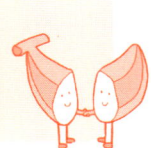

 **089**

감정 단어에는 좋은 기분을 나타내는 '유쾌 단어'와 나쁜 기분을 나타내는 '불쾌 단어'가 섞여 있습니다. 유쾌 단어 세 개(평화로운, 상쾌한, 기대되는)와 불쾌 단어 세 개(서운한, 지루한, 억울한)를 넣어 "요즘 우리 집"이라는 제목의 글을 써 보세요.

★ 메모하며 대화하기

★ 내 생각 쓰기

★ 칭찬 나누기

 **090**  이 글을 쓴 오늘은   년   월   일

어려울 때 도움을 주는 친구가 진짜 친구라는 말이 있습니다. 친구가 어려움을 겪을 때 도움을 줬던 적이 있나요? 반대로 내가 어려움을 겪을 때 친구가 도와줬던 때는요? 나의 경험을 적어 보세요.

★ 메모하며 대화하기

★ 내 생각 쓰기

★ 칭찬 나누기

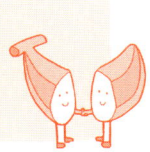

 **091**

어제까지 친하게 지내던 친구가 갑자기 오늘부터 나를 차갑게 대하기 시작했습니다. '혹시 내가 친구의 마음을 상하게 한 게 아닐까?'라는 생각이 들었지만 물어보지 못했습니다. 이 문제를 어떻게 해결하는 게 좋을까요?

★ 메모하며 대화하기

★ 내 생각 쓰기

★ 칭찬 나누기

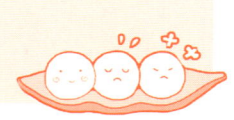

092 ✎ 이 글을 쓴 오늘은   년   월   일

우리 반에 있는 보드게임은 총 4개입니다. 그런데 우리 반은 모둠이 총 6개예요. 각 모둠이 동시에 게임을 하나씩 가져가면 두 모둠이 게임을 하지 못하게 되지요. 모두가 동의할 수 있는 보드게임 사용법에는 어떤 것이 있을까요?

★ 메모하며 대화하기

★ 내 생각 쓰기

★ 칭찬 나누기

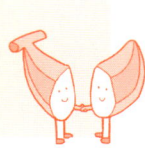

 **093**  이 글을 쓴 오늘은   년   월   일

다른 사람의 인격을 무시하는 말을 욕이라고 합니다. 사람들이 욕을 하는 이유는 무엇일까요? 다른 사람들이 욕하는 소리를 들을 때 나는 어떤 감정을 느끼고 어떤 생각을 하나요?

★ 메모하며 대화하기

★ 내 생각 쓰기

★ 칭찬 나누기

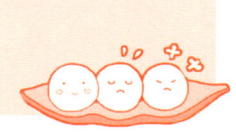

 **094**  년   월   일

친한 친구가 화가 많이 났습니다. 이유를 물어봤지만 묵묵부답입니다. 이 친구의 화를 풀어 줄 다섯 가지 비법을 생각해 적어 보세요.

★ 메모하며 대화하기

★ 내 생각 쓰기

★ 칭찬 나누기

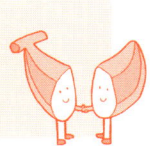

 **095** ✎ 이 글을 쓴 오늘은   년   월   일

부모님, 형제, 선생님은 나에게 때로 잔소리를 합니다. 잔소리는 과연 좋은 걸까요, 나쁜 걸까요? 잔소리는 약이다. vs. 잔소리는 독이다. 한쪽을 선택하고 그렇게 생각하는 이유를 함께 써 보세요.

★ 메모하며 대화하기

★ 내 생각 쓰기

★ 칭찬 나누기

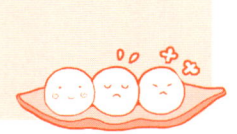

다음 문장으로 시작하고 끝나는 한 편의 글을 만들어 봅시다.

　[시작 문장] 어느 날 동생이 이렇게 말했다. "친구는 어떻게 사귀는 거야?"

　[끝 문장] 결국 동생은 말했다. "친구 사귀는 것, 어려운 게 아니었네."

★ 메모하며 대화하기

★ 내 생각 쓰기

★ 칭찬 나누기

097

✏️ 이 글을 쓴 오늘은　　년　　월　　일

쉬는 시간, 다들 일어나 친구들과 이야기하는데 딱 한 명만 혼자 자리에 앉아 있습니다. 이런 친구를 보면 어떤 생각이 드나요? 혼자 있어서 더 행복할까요? 아니면 외로울까요? 혼자 있는 걸 좋아하는 친구에게는 어떻게 다가가는 게 좋을까요?

★ 메모하며 대화하기

★ 내 생각 쓰기

★ 칭찬 나누기

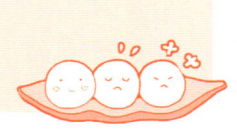

098 　✏️ 이 글을 쓴 오늘은　　　년　　　월　　　일

친구들과의 단체 채팅방이 필요하다고 생각하나요? 누군가는 단체 채팅방 때문에 친구들을 따돌리게 된다고 말합니다. 또 다른 누군가는 단체 채팅방이 있어 친구들과 친하게 지낼 수 있다고 하고요. 나의 주장과 근거를 글로 써 보세요.

★ 메모하며 대화하기

★ 내 생각 쓰기

★ 칭찬 나누기

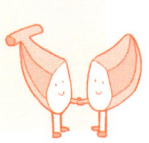

099

✎ 이 글을 쓴 오늘은   년   월   일

점심시간이 끝나고 교실에 들어와 보니 나와 친한 친구가 책상에 머리를 숙이고 울고 있었습니다. 이 친구에게 다가가 어떤 말을 하고 싶나요? 그리고 어떻게 도와주면 좋을까요? 친구가 울고 있는 이유는 여러분이 상상해 보세요.

★ 메모하며 대화하기

★ 내 생각 쓰기

★ 칭찬 나누기

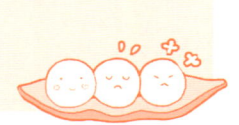

 **100** ✎ 이 글을 쓴 오늘은   년   월   일

마지막 주제입니다. 내일부터 친구들과 대화를 할 때 새롭게 지켜 나갈 나만의 세 가지 규칙과 그 이유를 써 보세요.

★ 메모하며 대화하기

★ 내 생각 쓰기

★ 칭찬 나누기

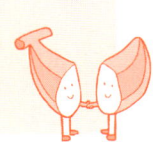

어린이를 위한 관계맺기 해법!

글쓰기 인증서

성 명 :

끝마친 글쓰기 질문 :   개

             년   월   일

위의 기재된 내용이 틀림없음을 확인함.

글쓰기 동반자   서명